JN341348

읽으면서 바로 써먹는
어린이 맞춤법

읽으면서 바로 써먹는 어린이 맞춤법

글·그림 한날

작가의 말

　요즘 버스나 지하철을 타면 사람들 대부분이 스마트폰에 눈을 고정하고 있습니다. 어떤 사람은 동영상을 보고, 어떤 사람은 인터넷 기사를 봅니다. 또, 어떤 사람은 문자로 대화를 나누기도 하지요. 이제 이런 모습은 일상적인 것이 되었습니다.

　하지만 스마트한 세상 속 모습은 스마트하지 않습니다. 특히 언어적인 부분에서는 인터넷 용어와 함께 알 수 없는 줄임말들이 가득합니다. 그것이 잘못된 것은 아니지만 인터넷 용어를 살펴보면 편하게 사용하기 위해 맞춤법에 맞지 않는 단어들도 많이 보입니다. 저 또한 인식하지 못하고 그런 단어들을 쓰면서 실제 맞춤법에 맞는 단어들을 잊어버리는 것 같아 가끔은 겁이 나기도 합니다.

　비단 인터넷 용어의 잦은 사용 때문만이 아니더라도 잘못 알고 쓰는 우리말들이 너무 많다는 것을 이번 《읽으면서 바로 써먹는 어린이 맞춤법》을 그리면서 다시 알게 되었습니다. 특히 우리말의 기초를 탄탄하게 다져야 할 초등학교 시절 어린이들은 잘못된 인터넷 용어와 줄임말에 더욱더 익숙해져 무엇이 옳고 무엇이 잘못된 말인지 알 수 없게 되지요.

　그래서 이번 책에서는 다른 〈읽으면서 바로 써먹는 시리즈〉보다도 집중하며 어떻게 하면 좀 더 쉽게 친구들이 맞춤법을 배우고 익힐 수 있을지 생각하며 그렸습니다. 이 책을 통해 맞춤법에 관심없던 친구들이 맞춤법에 관심을 가지고, 많은 인터넷 용어와 줄임말 중에서 최대한 올바른 표현을 골라서 사용할 수 있기를 바랍니다.

　벌써 여섯 번째 〈읽으면서 바로 써먹는 어린이 시리즈〉를 출간하게 되었습니다. 이 시리즈를 그리면서 가장 중요하게 생각했던 것이 친구들이 이 책을 읽고 일상에 적용하며 직접 써먹을 수 있도록 상황에 맞게 그리는 것이었습니다. 부디 이번 책도 친구들에게 즐거움과 배움을 동시에 줄 수 있기를 바랍니다. 찹이 패밀리를 사랑하는 많은 친구들에게 깊은 감사의 마음을 전합니다.

한날

차 례

01 가르키다 VS 가르치다 · 14
02 가르키다 VS 가리키다 · 16
03 가벼히 VS 가벼이 · 18
04 간지르다 VS 간질이다 · 20
05 개구장이 VS 개구쟁이 · 22
06 건내주다 VS 건네주다 · 24
07 건들이다 VS 건드리다 · 26
08 곰곰히 VS 곰곰이 · 28
09 구지, 궂이 VS 굳이 · 30
10 궁시렁거리다 VS 구시렁거리다 · 32
11 귀뜸 VS 귀띔 · 34
12 그러던지 말던지 VS 그러든지 말든지 · 36
13 금새 VS 금세 · 38
14 깍뚜기 VS 깍두기 · 40
15 깨끗히 VS 깨끗이 · 42
16 꺼림직하다 VS 께름직하다 · 44
17 꺼야 VS 거야 · 46
18 꾀 VS 꽤 · 48

19 납짝하다 VS 납작하다 · 52
20 낭떨어지 VS 낭떠러지 · 54
21 내 꺼 VS 내 거 · 56
22 내노라하다 VS 내로라하다 · 58
23 낼름 VS 날름 · 60
24 널부러지다 VS 널브러지다 · 62
25 넓직하다 VS 널찍하다 · 64
26 넓쩍하다 VS 넓적하다 · 66
27 눈쌀 VS 눈살 · 68
28 느즈막하다 VS 느지막하다 · 70
29 늘이다 VS 늘리다 · 72
30 대 VS 데 · 74
31 대게 VS 대개 · 76
32 댓가 VS 대가 · 78
33 도데체 VS 도대체 · 80
34 돼 VS 되 · 82
35 되물림 VS 대물림 · 84
36 뒤치닥거리 VS 뒤치다꺼리 · 86
37 들리다 VS 들르다 · 88
38 들어나다 VS 드러나다 · 90
39 디게 VS 되게 · 92

ㄹㅁㅂㅅ

- ㊵ 로써 VS 로서 · 96
- ㊶ 맞히다 VS 맞추다 · 98
- ㊷ 몇일 VS 며칠 · 100
- ㊸ 문안하다 VS 무난하다 · 102
- ㊹ 미쳐 VS 미처 · 104
- ㊺ 바램 VS 바람 · 106
- ㊻ 발자욱 VS 발자국 · 108
- ㊼ 비추다 VS 비치다 · 110
- ㊽ 빈털털이 VS 빈털터리 · 112
- ㊾ 빌어, 빌러 VS 빌려 · 114
- ㊿ 사기충전 VS 사기충천 · 116
- ㈀ 삼 VS 삶 · 118
- ㈁ 서슴치 VS 서슴지 · 120
- ㈂ 설겆이 VS 설거지 · 122
- ㈃ 설레임 VS 설렘 · 124
- ㈄ 수근수근 VS 수군수군 · 126
- ㈅ 실증 VS 싫증 · 128

ㅇ

- ㈆ 안다 VS 않다 · 132
- ㈇ 애기 VS 아기 · 134
- ㈈ 어따 대고 VS 얻다 대고 · 136
- ㈉ 어떻해 VS 어떡해 · 138
- ㈊ 어의없다 VS 어이없다 · 140
- ㈋ 역활 VS 역할 · 142
- ㈌ 연애인 VS 연예인 · 144
- ㈍ 열심이 VS 열심히 · 146
- ㈎ 예기 VS 얘기 · 148
- ㈏ 예쁘다 VS 이쁘다 · 150
- ㈐ 오랜동안 VS 오랫동안 · 152
- ㈑ 오랫만 VS 오랜만 · 154
- ㈒ 왠일 VS 웬일 · 156
- ㈓ 요세 VS 요새 · 158
- ㈔ 우겨넣다 VS 욱여넣다 · 160
- ㈕ 움추리다 VS 움츠리다 · 162
- ㈖ 웅큼 VS 움큼 · 164
- ㈗ 의례 VS 으레 · 166
- ㈘ 인권비 VS 인건비 · 168
- ㈙ 일부로 VS 일부러 · 170
- ㈚ 일일히 VS 일일이 · 172
- ㈛ 일찍히 VS 일찍이 · 174
- ㈜ 잃어버리다 VS 잊어버리다 · 176
- ㈝ 있다 VS 이따 · 178

ㅈ ㅊ ㅌ ㅍ ㅎ

- ❽❶ 잠구다 VS 잠그다 · 182
- ❽❷ 쟁이 VS 장이 · 184
- ❽❸ 적잔이 VS 적잖이 · 186
- ❽❹ 제작년 VS 재작년 · 188
- ❽❺ 조취 VS 조치 · 190
- ❽❻ 주어 VS 주워 · 192
- ❽❼ 째째하다 VS 쩨쩨하다 · 194
- ❽❽ 찌게 VS 찌개 · 196
- ❽❾ 챙피 VS 창피 · 198
- ❾⓿ 쳐부수다 VS 쳐부수다 · 200
- ❾❶ 체 VS 채 · 202
- ❾❷ 치고박다 VS 치고받다 · 204
- ❾❸ 통채 VS 통째 · 206
- ❾❹ 틀리다 VS 다르다 · 208
- ❾❺ 폭팔 VS 폭발 · 210
- ❾❻ 하마트면 VS 하마터면 · 212
- ❾❼ 핼쓱하다 VS 핼쑥하다 · 214
- ❾❽ 햇갈리다 VS 헷갈리다 · 216
- ❾❾ 회수 VS 횟수 · 218
- ❿⓿ 희안하다 VS 희한하다 · 220

여기서 잠깐!

맞춤법은 한글을 표기하는 규칙을 말해요. 그런 것이 왜 필요하냐고 생각하겠지만, 통일된 규칙이 있어야 서로 소통이 가능해요. 똑같이 꽃을 보고 쓰는데, 어떤 사람은 '꽃'이라 쓰고 어떤 사람은 소리대로 '꼳'이라 쓴다면 전혀 의사소통이 이루어지지 않을 거예요. 이처럼 맞춤법은 한글을 쓰는 우리가 모두 꼭 알아야 할 규칙이랍니다.

한글 맞춤법

〈제1항〉 표준어를 소리대로 적되, 어법에 맞도록 함을 원칙으로 한다.
소리를 정확하게 알아야 맞춤법에 맞춰 잘 쓸 수 있어요. 새로운 단어나 헷갈리는 단어가 나왔을 때는 국어사전에서 뜻과 함께 발음도 꼭 확인해요.

〈제2항〉 문장의 각 단어는 띄어 씀을 원칙으로 한다.
띄어쓰기 없이 문장을 적으면 읽는 사람마다 다르게 뜻을 해석할 수 있어요. 또한, 어디에서 끊어 읽어야 할지 몰라서 읽기도 힘들어요. 띄어쓰기 또한 정확한 소통을 위한 것이에요.

아름다운 우리말, 우리가 바르게 익히고 바르게 써야 아름다움이 이어집니다. 물음표만 가득했던 한글 맞춤법, 《읽으면서 바로 써먹는 어린이 맞춤법》에서 그 답을 찾고 느낌표로 바꿔 보세요.

다 함께 출발!

가르키다 VS 가르치다
가르키다 VS 가리키다
가벼히 VS 가벼이
간지르다 VS 간질이다
개구장이 VS 개구쟁이
건내주다 VS 건네주다
건들이다 VS 건드리다
곰곰히 VS 곰곰이
구지, 궂이 VS 굳이

궁시렁거리다 VS 구시렁거리다
귀뜸 VS 귀띔
그러던지 말던지 VS 그러든지 말든지
금새 VS 금세
깍뚜기 VS 깍두기
깨끗히 VS 깨끗이
꺼림직하다 VS 께름직하다
꺼야 VS 거야
꾀 VS 꽤

001
가르키다 VS 가르치다

'가르치다'와 '가리키다'는 그 뜻이 전혀 다르지만, 섞거나 반대로 사용하는 경우가 많아요. '가르치다'는 지식을 익히게 하는 것이고, '가리키다'는 손가락으로 방향 등을 알리는 거예요. 이제 정확하게 뜻에 맞도록 사용해요.

002 가르키다 VS 가리키다

'가르치다'와 '가리키다'는 정확하게 알겠는데, 가르키다는 뭘까요? 맞아요, 가르키다는 가리키다를 잘못 쓴 거예요. 우리가 알아야 할 것은 '가르치다'와 '가리키다' 딱 두 가지랍니다. 이제 헷갈리지 마세요.

003

가벼히 vs 가벼이

'가볍다'처럼 ㅂ받침이 있는 낱말에 −이와 −히를 연결하여 ㅂ받침이 생략되면 '−이'를 붙여 '가벼이'로 적어요. 괴롭다는 괴로이, 새롭다는 새로이, 쉽다는 쉬이, 외롭다는 외로이, 즐겁다는 즐거이가 된답니다.

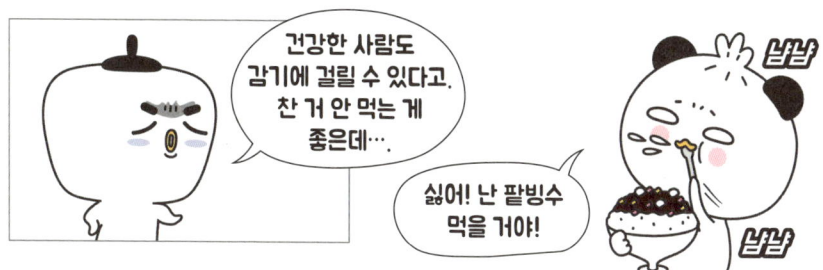

004 간지르다 vs 간질이다

'간질이다'는 간지럽게 한다는 뜻이에요. 그래서 활용을 할 때에도 간질이+어, 니 등이 붙어 간질이어, 간질이니로 써야 하지요. '간지르다'라는 말은 잘못된 말로 없는 말이랍니다.

005 개구장이 vs 개구쟁이

'-장이'는 기술을 가진 장인을 의미하고, '-쟁이'는 그런 성격이나 특징을 가진 사람을 의미해요. 그래서 대장간에서 연장을 만드는 일을 하는 사람을 '대장장이'라고 하고, 짓궂은 성격을 가진 사람을 '개구쟁이'라고 하는 거예요.

006 건내주다 VS 건네주다

글을 쓰다 보면 'ㅐ'로 써야 할지 'ㅔ'로 써야 할지 헷갈릴 때가 많아요. 그래서 책을 읽거나 글을 쓸 때 헷갈리는 낱말이 나오면 사전을 찾아 정확하게 익혀 두는 것이 좋아요. 오늘은 '건네주다'의 네가 'ㅔ'라는 걸 꼭 기억해요.

007 건들이다 vs 건드리다

'건드리다'는 손이나 물건으로 만진다는 말이고, '건들'은 바람이 가볍게 분다는 말이에요. 뜻을 알고 보니 '건들이다'가 잘못된 말이란 걸 알겠죠? 바람에 살랑거리는 모습을 표현하고 싶다면 '건들거리다'라고 해야 맞는 표현이 돼요.

008

곰곰히 VS 곰곰이

'곰곰'처럼 말이 반복되어 겹쳐지는 말에는 '-이'를 붙여 '곰곰이'로 적어요. 겹겹이, 번번이, 줄줄이, 알알이, 낱낱이, 길길이처럼 쓰면 된답니다. 잊지 말아요, 반복되는 말 뒤에는 '-이'가 온다!

오잉? 래야야, 거기서 꼼짝도 안 하고 뭐 해?

어떤 지우개를 살지 곰곰히 고민하고 있었어.

이것도 좋아 보이고, 저것도 좋아 보이고. 1시간째 고민 중이야.

하, 1시간…

009 구지, 궂이 VS 굳이

'굳이'를 읽어 보면 [구지]라고 발음해요. 그래서 받침이 없거나 ㅈ받침이라고 생각하지만, 'ㄷ, ㅌ받침'이 '이'를 만나면 ㄷ은 [ㅈ]으로 ㅌ은 [ㅊ]으로 발음된답니다.
받침 ㄷ, ㅌ+이=[ㅈ], [ㅊ] / 미닫이[미다지], 밭이[바치]

010 궁시렁거리다 vs 구시렁거리다

아마도 많은 친구들이 '궁시렁거리다'를 표준어로 알고 있을 거예요. 그만큼 많은 사람들이 잘못 사용하고 있는 말이에요. 못마땅하여 쓸데없는 말을 계속 하는 것은 '구시렁거리다'라고 해야 맞는 말이에요.

011
귀뜸 VS 귀띔

흔히 사용하는 '귀뜸'도 표준어로 알고 있는 경우가 많아요. 하지만 이 말도 '귀띔', '귀띔하다'라고 써야 맞아요. 그리고 읽을 때는 [귀띰]이라고 발음하지요. 익숙하다고 모두 맞는 말이 아니랍니다.

012 그러던지 말던지 VS 그러든지 말든지

여기서 '-든지'는 선택 또는 상관없다는 뜻을 나타낼 때 사용해요. '배든 사과든, 보든지 말든지'도 같은 의미예요. 하지만 '-던지'는 과거의 상태를 나타내는 말로 '얼마나 즐거웠던지'처럼 과거를 회상할 때 사용한답니다.

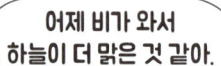

013 금새 VS 금세

'금세'는 아주 짧은 시간을 의미하는 말이에요. 사이의 줄임말인 '새'로 착각해 금새라고 잘못 쓰는 경우가 많아요. 하지만 금세는 '금시에'가 줄어든 말이랍니다. 외운 걸 '금세' 잊지 말고 오래 기억하기로 해요.

014

깍뚜기 VS 깍두기

'깍두기'는 [깍뚜기]로 발음해요. 그래서 더욱 헷갈리는 낱말이기도 해요. 이와 비슷한 '뚝배기'도 [뚝빼기]로 발음되어 함께 익혀 두면 좋아요. '뚝배기'에 담긴 설렁탕에 '깍두기'를 올려 먹으니 그 맛이 최고예요.

015 깨끗히 VS 깨끗이

-이와 -히를 구분할 때는 '-하다'를 연결해 말이 되면 '-히'를 붙이고, 말이 되지 않으면 '-이'를 붙여요. 하지만, 깨끗하다처럼 ㅅ받침이 앞에 있을 때는 '-이'를 붙여서 번듯이, 빠듯이, 지긋이, 버젓이처럼 써요.

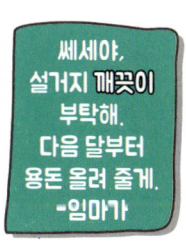

016
꺼림직하다 VS 께름직하다

무엇인가 마음에 걸려서 좋지 않은 느낌을 '꺼림직하다, 께름직하다'고 해요. 이 말은 모두 맞는 말로 '꺼림칙하다, 께름칙하다'고 써도 맞는답니다. '꺼림'과 '께름' 헷갈리지 않게 기억해 둬요.

017

꺼야 VS 거야

'거야'를 '꺼야'로 헷갈리는 이유는 할 거야, 될 거야처럼 ㄹ받침 뒤에 ㄱ이 올 때 [할꺼야], [될꺼야]라고 발음되기 때문이에요. 발음이 [꺼]라고 나더라도 '거(것)'는 그 형태를 그대로 살려 '거다', '거야'라고 써야 한답니다.

018 꾀 VS 꽤

보통보다 조금 더 많은 정도를 나타내는 말인 '꽤'를 '꾀'로 쓰는 경우가 있어요. 여기서 '꾀'는 일을 꾸미거나 해결해 내는 생각을 말해요. 정도를 표현하기 위해 쓰는 것이라면 '꽤'라고 써야 한답니다.

ㄴ ㄷ

납짝하다 VS 납작하다
낭떨어지 VS 낭떠러지
내 꺼 VS 내 거
내노라하다 VS 내로라하다
낼름 VS 날름
널부러지다 VS 널브러지다
넓직하다 VS 널찍하다
넓쩍하다 VS 넓적하다
눈쌀 VS 눈살
느즈막하다 VS 느지막하다
늘이다 VS 늘리다

대 VS 데
대게 VS 대개
댓가 VS 대가
도데체 VS 도대체
돼 VS 되
되물림 VS 대물림
뒤치닥거리 VS 뒤치다꺼리
들리다 VS 들르다
들어나다 VS 드러나다
디게 VS 되게

019 납짝하다 VS 납작하다

'납작하다'를 발음하면 [납짜카다]라고 소리가 나요. 그래서 '납짝하다'라고 잘못 쓰는 경우가 많아요. 하지만 꽃이[꼬치], 꽃만[꼰만] 같이 '꽃'이 다르게 소리 나는 것을 생각한다면 왜 소리대로가 아닌 어법에 맞도록 적어야 하는지 알 수 있어요.

020

낭떨어지 VS 낭떠러지

'낭떠러지'와 '낭떨어지'는 [낭떠러지]로 발음이 같아요. 그래서 ㄹ받침을 넣어야 할지 말아야 할지 고민이 될 거예요. 하지만 '낭떠러지'는 소리 나는 그대로 '낭떠러지'라고 적으면 된답니다.

021
내꺼 VS 내거

'거'는 대화에서 사용되는 '것'과 같은 말로, '내 거'는 '내 것'과 같은 말이에요. '내 껏'이 잘못된 말인 것처럼 '내 꺼'도 잘못된 말이랍니다. 또, '거, 것'을 쓸 때는 앞말과 띄어 써야 한답니다.

022 내노라하다 VS 내로라하다

'내로라하다'는 어떤 분야를 대표할 만하다는 뜻을 가지고 있어요. 이것을 발음하면 [내로라하다]라고 읽어야 해요. 그런데 [내노라하다]로 잘못 발음해 맞춤법까지 헷갈리게 된 것이에요. [내로라하다] 정확하게 발음을 알아 두세요.

023 낼름 VS 날름

'낼름'이 표준어 같지만 사실 '날름'이 맞는 말이에요. '날름날름하다, 날름거리다, 날름대다'처럼 사용해요. 시력이 나쁜 뱀은 냄새를 맡기 위해 갈라진 혀를 '날름대며' 먹이를 찾아요. '날름거리는' 모습이 머릿속에 떠올랐나요?

024
널부러지다 VS 널브러지다

물건들이 정신없이 흩어져 있거나 힘이 빠져 축 늘어져 있는 모습을 '널브러지다'라고 해요. 읽으면 [널브러지다]로 발음해요. '브'와 '부' 비슷하지만 소리가 전혀 다르게 나요. 새로운 단어를 배울 때는 정확한 발음을 확인하는 습관을 들여요.

025

넙직하다 VS 널찍하다

넓다는 뜻이 담겨 있어 '넓직하다'라고 생각할 수 있지만, 이런 말은 없어요. 꽤 너르다는 뜻을 쓰려면 '널찍하다'라고 써야 한답니다. 이번 여름방학에는 '널찍한' 수영장에서 공놀이하며 친구들과 신나게 놀 거예요.

넙쩍하다  넓적하다

편편하고 얇으면서 넓다는 뜻에 '넓적하다'는 [넙쩌카다]라고 강하게 발음해요. 그래서 헷갈릴 수 있지만, 적을 때는 '넓적하다'라고 적어야 해요. 같은 뜻으로 '납작하다'라는 말과 바꿔 쓸 수도 있답니다.

027 눈쌀 VS 눈살

'눈살'은 [눈쌀]로 발음되며, 눈썹 사이에 생기는 주름을 말해요. 관용구 '눈살을 찌푸리다.'처럼 못마땅한 마음을 나타내거나 '눈살을 펼 새 없다.'처럼 걱정이 끊이지 않는다는 뜻으로 사용돼요.

두야야, 집 앞에서 왜 그러고 있어?

사람들이 자꾸 우리 집 앞에 쓰레기를 버리고 가잖아.

우리 집이 쓰레기통도 아니고, 짜증나.

밖에 나올 때마다 쓰레기들 때문에 눈쌀이 찌푸려져.

028

느즈막하다 VS 느지막하다

'느즈막하다'는 시간이나 마감 등이 아주 늦다는 뜻을 가진 '느지막하다'를 잘못 쓴 것으로 없는 말이에요. 방학이 되면 '느지막하게' 아침 겸 점심을 먹게 되는데, 계획을 세워 이번 방학에는 부지런쟁이가 되기로 해요.

029 늘이다 VS 늘리다

'늘이다'는 길이, 선 등을 길어지게 하는 것이고, '늘리다'는 넓이, 부피, 시간, 분량, 세력 등을 커지게 하는 것이에요. 세탁소에 바짓단을 늘이라고 했더니 바지통을 늘려 버렸다.

030

대 VS 데

'데'는 곳이나 장소, 일이나 것을 나타내는 말로 사용해요. 이때 앞에 띄어쓰기를 하여 그 의미를 정확하게 해야 하지요. 우리가 가려는 '데'는 백 선생님이 추천한 최고의 맛집이다.

031
대게 VS 대개

'대개'는 대부분과 같은 뜻을 가진 말이에요. 당연히 [대개]라고 발음할 거예요. 그런데 '개'를 '게'로 잘못 쓰는 경우가 많아요. '대게'라고 쓰면 그 의미가 완전히 달라져 영덕 지방에서 유명한 바다에 사는 커다란 게를 뜻하는 말이 된답니다.

032

댓가 VS 대가

'대가(代價)'는 [대까]라고 발음해요. 뒷말인 '가'가 '까'로 소리나 앞말에 ㅅ받침(사이시옷)을 넣어야 할 것 같지만 한자로만 이루어진 단어에는 ㅅ받침(사이시옷)을 넣지 않아야 한답니다.

033 도데체 VS 도대체

'도대체'는 주로 의문을 나타내는 말과 함께 쓰는 말이에요. 대체 또는 대관절과 바꾸어 쓸 수도 있지요. '도데체'는 '도대체'를 잘못 쓴 말로 없는 말이에요. '도대체' 왜 이걸 헷갈리는 거야? 정확하게 기억해 두세요.

034
돼 VS 되

'돼'는 되어가 줄어든 말이에요. 그래서 '되'와 '돼' 중 어떤 것을 써야 할지 헷갈릴 때는 '되어'를 대신 넣어 말해 봐요. 이때 '되어'를 넣어서 문장이 자연스러우면 '돼'를 넣으면 된답니다.

035

되물림 VS 대물림

'대물림'은 대를 이어서 자손이 어떤 것을 이어간다는 뜻이에요. 뜻을 알면 정확하게 '대물림'이라고 쓸 수 있는 말이지요. 장인들은 자신의 기술을 자손에게 '대물림'하여 그 집안의 가업으로 이어가게 하지요.

036
뒤치닥거리 VS 뒤치다꺼리

'뒤치다꺼리'는 뒤+치다꺼리가 더해진 말이에요. 치다꺼리는 다른 사람의 소소한 일을 도와주거나 그런 일을 뜻하여 '뒤치다꺼리'는 뒤에서 다른 사람의 일을 도와주는 일을 말해요. 따라서 '치다꺼리'를 '치닥거리'로 쓰는 것은 잘못된 것이에요.

037
들리다 VS 들르다

'들리다'와 '들르다'는 전혀 다른 뜻을 가졌어요. '들리다'는 귀를 통해 소리를 듣는다는 뜻이고, '들르다'는 어떤 장소에 잠시 머무른다는 뜻을 가지고 있어요. 친구 집에 잠시 '들러' 부모님께 인사를 했다.

038 들어나다 VS 드러나다

[드러나다]라고 발음되어 '드러나다'로 쓸지 '들어나다'로 쓸지 헷갈릴 수 있어요. 하지만 '들어나다'라는 말은 없어요. 보이지 않던 것이 보인다는 말은 '드러나다'라고 써야 맞는 말이랍니다.

039
디게 VS 되게

'되게'는 아주, 몹시라는 말로 '디게, 돼게, 대게'처럼 잘못 사용되는 경우가 많아요. 일상에서 자주 쓰는 말은 국어사전을 찾아보며 내가 바르게 사용하고 있는지 확인해요. 맞춤법은 정확한 의사소통을 위해 '되게' 중요해요.

ㄹㅁㅂㅅ

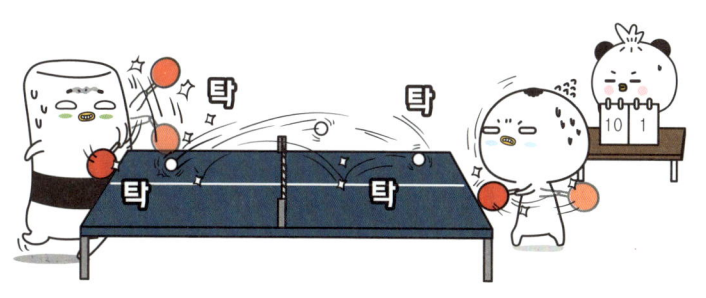

로써 VS 로서
맞히다 VS 맞추다
몇일 VS 며칠
문안하다 VS 무난하다
미쳐 VS 미처
바램 VS 바람
발자욱 VS 발자국
비추다 VS 비치다
빈틸털이 VS 빈털터리

빌어, 빌러 VS 빌려
사기충전 VS 사기충천
삼 VS 삶
서슴치 VS 서슴지
설겆이 VS 설거지
설레임 VS 설렘
수근수근 VS 수군수군
실증 VS 싫증

040 로써 VS 로서

'로써'는 어떤 물건의 재료, 어떤 일의 도구가 됨을 나타내고, '로서'는 지위(신분)나 자격, 어떤 일이 시작되는 곳을 나타내는 말이에요. 선생님으'로서' 학생을 감싸안고, 말로써 타일러야 한다.

041 맞히다 VS 맞추다

'맞추다'는 나란히 두 대상을 놓고 비교하거나 제자리에 맞게 붙이는 것이고, '맞히다'는 문제의 답이 맞았다는 말이에요. 동생과 100개짜리 퍼즐을 '맞추는데' 일주일이 꼬박 걸렸다.

042 몇일 VS 며칠

'며칠'은 몇 날 또는 몇째 되는 날이라는 말이에요. '몇일'은 몇+일로 생각하고 사용하지만 잘못된 말로 '며칠'이라고 써야 맞는 말이 되지요. '며칠' 동안 고민만 하다가 중요한 시간만 흘러 버렸다.

043

문안하다 VS 무난하다

'문안하다'와 '무난하다'는 전혀 다른 뜻을 가진 말이에요. '문안하다'는 어른께 안부를 묻는다는 뜻이고, '무난하다'는 특별한 것이 없다는 뜻으로 무던하다, 평범하다, 어렵지 않다고 생각할 수 있어요. 그 뜻에 따라 낱말을 제대로 써야 해요.

044
미쳐 VS 미처

'미쳐'는 '미치다'의 활용형으로 상식에서 벗어난 행동이나 말을 한다는 뜻과 함께 어느 수준이나 선에 닿았다는 뜻을 가지고 있어요. 하지만 '미처'는 아직 일을 끝내지 못한 상태를 뜻하는 말이랍니다.

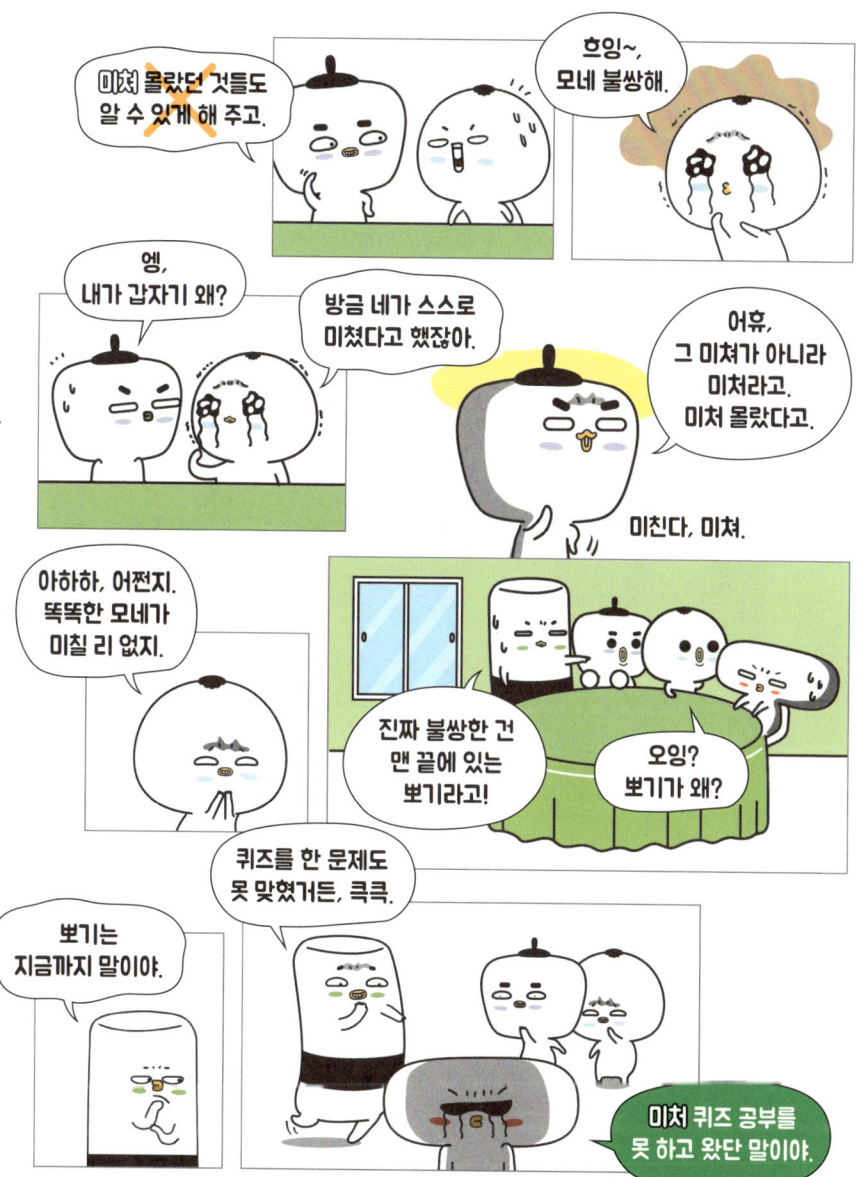

045 바램 VS 바람

생각대로 이루어지기를 원한다는 뜻인 '바라다'에서 '바람'이 되었다면, '바램'은 어떤 영향으로 색이 연하게 변한다는 뜻인 '바래다'에서 왔어요. 따라서 소망이라는 뜻은 '바람'이라고 써야 맞는답니다.

046 발자욱 VS 발자국

'자욱'은 '자국'을 잘못 쓴 말이에요. 따라서 발로 밟아 남은 자국을 '발자국'이라고 해야 맞아요. 눈물 자국, 수술 자국, 덴 자국처럼 보통은 띄어 써야 하지만, 발자국은 하나의 낱말로 굳어져 붙여 써야 한답니다.

047 비추다 VS 비치다

'비치다'는 빛이 나서 스스로 환하게 되거나 얼굴을 잠시 나타낸다는 말이에요. '비추다'는 다른 대상에게 빛을 보내 환하게 만들거나 어떤 물체에 모습을 나타나게 하는 것으로 '~을 비추다'처럼 사용해요.

048
빈털털이 VS 빈털터리

아무것도 가진 것이 없는 사람을 '털터리' 또는 '탈타리'라고 해요. 여기에 '빈'이라는 말을 붙여 아무것도 없음을 더욱 강조한 것이 '빈털터리'예요. 따라서 소탈하다는 뜻의 '털털이'는 그 뜻과 전혀 맞지 않는 말이에요.

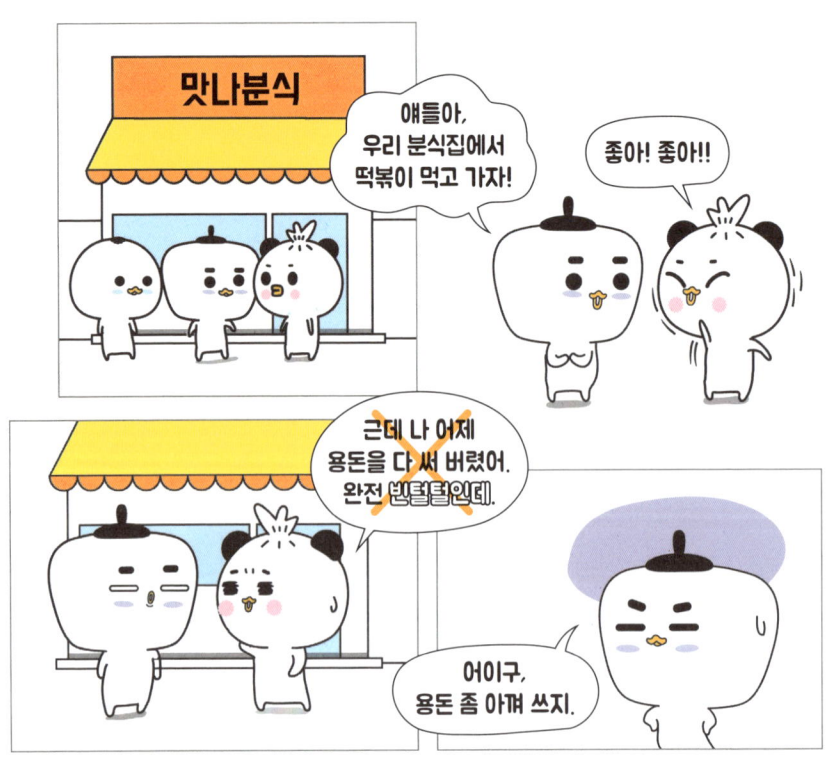

049 빌어, 빌러 VS 빌려

'빌려'는 남의 물건을 잠시 사용하고 돌려준다는 뜻인 '빌리다'에서 오고, '빌어, 빌러'는 간청한다는 뜻과 공짜로 달라고 한다는 뜻을 가진 '빌다'에서 왔어요. 따라서 내용에 따라 빌리다는 '빌려'라고 쓰고, 빌다는 '빌러, 빌어'라고 써야 해요.

050 사기충전 VS 사기충천

'사기충천'은 士氣衝天(선비 사/기운 기/찌를 충/하늘 천)으로 사기가 하늘을 찌른다는 뜻으로, 의욕 또는 자신감이 매우 충만하고 높다는 말이에요. 따라서 무엇인가를 채운다는 뜻인 충전은 전혀 맞지 않는 말이에요.

051

삼 VS 삶

받침이 두 개인 말은 그중 하나의 받침으로 소리가 나요. '삶'도 [삼:]으로 ㅁ받침만 소리가 나게 되지요. 겹받침 ㄳ은 [ㄱ], ㄵ은 [ㄴ], ㄼ, ㄽ, ㄾ은 [ㄹ], ㅄ은 [ㅂ]으로 보통 소리가 난답니다.

052 서슴치 VS 서슴지

'서슴다'는 머뭇거리며 망설인다는 말로 '서슴지+않다, 말다'처럼 부정어와 함께 써요. 따라서 '서슴치'는 잘못된 말로 사용하지 말아야 해요. '서슴지' 말고 바른 말을 사용하려 우리 모두 노력해야 한다.

053 설겆이 VS 설거지

식사 후 그릇을 정리하여 닦는 것을 '설거지'라고 해요. 발음 그대로 [설거지]라고 쓰면 되지만, 굳이 어렵게 생각하여 '설겆이'라고 잘못 쓰는 친구들이 있어요. 엄마를 도와 오늘 저녁에는 '설거지'를 깨끗이 해 보세요. 엄마가 함박웃음을 지으실 거예요.

054 설레임 VS 설렘

한창 친구들에게 인기 있었던 아이스크림 중 설레임이라는 제품이 있었어요. 그래서 표준어가 '설레임'이라고 생각하는 친구들이 많아요. 하지만 '설레다'가 표준어이므로 '설렘'이라고 써야 맞는 말이에요.

055

수근수근 vs 수군수군

혹시 '소근소근'이라는 말을 들어봤나요? '소곤소곤'이 아니냐고요, 맞아요. '수근수근'도 익숙하지만 마찬가지로 잘못된 말이에요. '수군수군'이라고 써야 맞는 말이에요. 이처럼 의성어나 의태어는 특히 신경 써서 사용해야 한답니다.

056 실증 VS 싫증

싫+증(症 : 증세 증)이 더해져 싫은 생각이나 느낌이라는 뜻을 가진 '싫증'이라는 말이 되었어요. [실쯩]이라고 발음하지만, 정확한 뜻을 알 수 있도록 원래 뜻을 살려 '싫'을 그대로 적어야 한답니다.

안다 vs 않다
애기 vs 아기
어따 대고 vs 얻다 대고
어떻해 vs 어떡해
어의없다 vs 어이없다
역활 vs 역할
연애인 vs 연예인
열심이 vs 열심히
예기 vs 얘기
예쁘다 vs 이쁘다
오랫동안 vs 오랜동안
오랫만 vs 오랜만

왠일 vs 웬일
요세 vs 요새
우겨넣다 vs 욱여넣다
움추리다 vs 움츠리다
웅큼 vs 움큼
의례 vs 으레
인권비 vs 인건비
일부로 vs 일부러
일일히 vs 일일이
일찍히 vs 일찍이
잃어버리다 vs 잊어버리다
있다 vs 이따

057 안다 VS 않다

'안'은 '아니'가 줄어든 말이고, '않'은 '아니하–'가 줄어든 말이에요. 만약 '자다'라는 말에 '안' 또는 '않'을 넣으려면, '자다' 앞쪽에 올 때는 '안 자다'라고 쓰고, 뒤쪽에 올 때는 '자지 않다'라고 쓰면 된답니다.

058
애기 VS 아기

일상적인 대화에서 '아기'를 '애기'라고 말하는 어른들이 많아요. 그래서 자신도 모르게 '애기'가 익숙할 거예요. 하지만 표준어는 '아기'예요. 글이든 말이든 '아기'라고 써야 맞는 말이에요. 간단하지만 잘 고쳐지지 않는 말이에요.

059

어따 대고 VS 얼다 대고

'얼다 대고'의 얼다는 어디에다가 줄어든 말로 '어디에다 대고'로 풀어 쓸 수 있어요. 얼다의 발음이 [얻:따]로 소리 나 '얼다'를 '어따'와 헷갈릴 수 있어요. 그 의미를 알고 풀어서 말해 보면 좀 더 쉽게 맞춤법에 맞게 쓸 수 있지요.

어떻해 VS 어떡해

'어떡해'는 어떡하다에서 온 것이고, '어떻게'는 어떻다에서 온 말이에요. 따라서 '어떻해'라고 쓰는 것은 잘못된 말로 없는 말이에요. 어떡하다는 어떡해, 어떡하면, 어떡하든으로 쓰고, 어떻다는 어떻게, 어때처럼 사용해요.

061 어의없다 VS 어이없다

'어이없다'는 뜻밖의 황당한 상황에서 많이 사용하는 말로 '어처구니없다'와 같은 뜻으로 쓰여요. 낱말에 의미를 담아 '어의없다'라고 잘못 알고 있는 경우가 많아요. '어이없다' 제대로 발음하면 헷갈리지 않을 거예요.

062 역할 VS 역할

자신에게 맡겨진 책임이나 일 또는 연극 등에서 맡게 되는 배역을 '역할'이라고 해요. [여칼]이라고 발음해야 하지만, 잘못된 [여콸]이라는 발음에 익숙해져 '역활'과 자주 헷갈려요.

063 연애인 VS 연예인

사람들 앞에서 춤이나 노래, 연기 등을 보여 주는 공연 또는 그런 재주를 '연예'라고 해요. 연예+인(人 : 사람 인), 즉 공연하는 사람이나 이런 재주를 가진 사람을 '연예인'이라고 부른답니다.

열심이 VS 열심히

낱말에 -이와 -히를 연결했을 때 분명히 '이'로만 소리 나는 것은 '-이'라고 적고, '이' 또는 '히'로 소리 나는 것은 '-히'로 적어요. 열심이, 열심히 모두 소리가 나므로 '열심히'라고 적는답니다.

065 예기 VS 얘기

낱말의 일부분이 줄어든 말을 준말이라고 해요. '얘기'는 이야기의 준말로 ㅣ+ㅑ=ㅒ가 되었어요. 또, 사이의 준말인 '새' 또한 ㅏ+ㅣ=ㅐ로 줄어들어 만들어졌지요. 이처럼 일부분이 줄어들 때는 원래 모양이 그대로 더해진답니다.

066 예쁘다 VS 이쁘다

말을 하거나 글을 쓸 때 '예쁘다'라는 말보다 '이쁘다'라는 말이 자연스럽게 먼저 나와요. 그만큼 '이쁘다'가 익숙하게 사용되고 있지요. 그래서 2015년 국립국어원에서는 '이쁘다'도 '예쁘다'와 함께 복수 표준어로 인정했답니다.

067 오랜동안 VS 오랫동안

'오랫동안'은 꽤 긴 시간을 말하고, '오랜 동안'은 이미 지난 긴 시간을 말해요. '오랜 동안'이란 의미로 쓸 때는 띄어쓰기를 해야 정확한 의미를 전달할 수 있어요. 이와 달리 '오랫동안'은 하나의 낱말이랍니다.

068

오랫만 VS 오랜만

'오랜만'은 오래간만이 줄어든 말로 [오랜만]이라고 발음해요. ㅅ받침의 '오랫만'은 잘못 쓴 것으로 '오랫동안'일 때 ㅅ받침을 넣지요. 유학을 떠나 오랫동안 보지 못했던 친구를 '오랜만에' 만나서 무척 반가웠다.

왠일 vs 웬일

'웬일'은 예상하지 못했다는 말로 사용돼요. 여기서 '웬'은 어찌 된, 어떠한이라는 뜻으로 여러 곳에 쓰여요. 하지만 '왠'은 왜인지 모른다가 줄어든 말인 '왠지'에서만 사용하지요.

070 요세 VS 요새

'요새'는 요사이가 줄어든 말로 짧은 기간 또는 시간을 의미해요. 또, 중요 시설을 방어하기 위해 만들어 놓은 곳을 말하기도 해요. 몸살감기에 걸려서 '요새' 얼굴이 핼쑥해졌다.

071 우겨넣다 VS 욱여넣다

'욱여넣다'는 욱다+넣다가 만나서 만들어진 말이에요. 여기서 욱다는 안쪽으로 조금 들어가 있는 모습으로, '욱여넣다'는 안쪽으로 마구 밀어 넣는다는 뜻으로 [우겨너타] 라고 발음해요.

072

움추리다 VS 움츠리다

'움츠리다'를 발음하면 그대로 [움츠리다]라고 소리 나요. 정확한 발음을 알면 맞춤법을 헷갈리지 않을 수 있어요. 세 번만 소리 내어 읽어 보세요. 이제 정확하게 머릿속에 입력되었나요?

웅큼 VS 움큼

'웅큼'은 '움큼'을 잘못 쓴 말이에요. 손을 오므려 그 안에 쥔 분량을 세는 단위로 한 움큼, 두 움큼, 세 움큼 하고 세요. 보통 한 움큼이라는 말을 많이 사용해요.

074

의례 VS 으레

'으레'는 당연히, 틀림없이 언제나를 뜻하는 말이고, '의례'는 행사를 진행하는 법도와 양식을 뜻하는 말이에요. 두 뜻이 전혀 달라 헷갈리지 않을 것 같지만, 막상 쓰려면 고민하게 된답니다.

075 인권비 VS 인건비

'인건비'는 사람에게 일을 시키기 위해 드는 비용을 말해요. '인권'이라는 말에 익숙해 뜻을 생각하지 않고 '인권비'라고 잘못 쓰는 경우가 있어요. 글을 쓴 후에는 다시 읽어 보며 그 의미가 맞는지 확인해 봐요.

076 일부로 VS 일부러

'일부러'는 알면서도 모른 척한다는 뜻과 어떤 목적이나 마음을 가지고 기어이라는 뜻을 가지고 있어요. '일부러'를 대신해 '굳이'를 넣어도 어색하지 않게 의미가 전달되지요. 하지만 모른 척한다는 의미에서는 바꿔 쓸 수 없어요.

일일히  vs 일일이

낱말에 -이와 -히를 붙일 때 반복되는 말 뒤에서는 '-이'로 적어요. '일'이라는 말이 반복되어 일일+이가 되어 '일일이'가 된 거예요. ㅅ받침 뒤, ㅂ받침이 없어졌을 때도 '-이'로 적으면 된답니다.

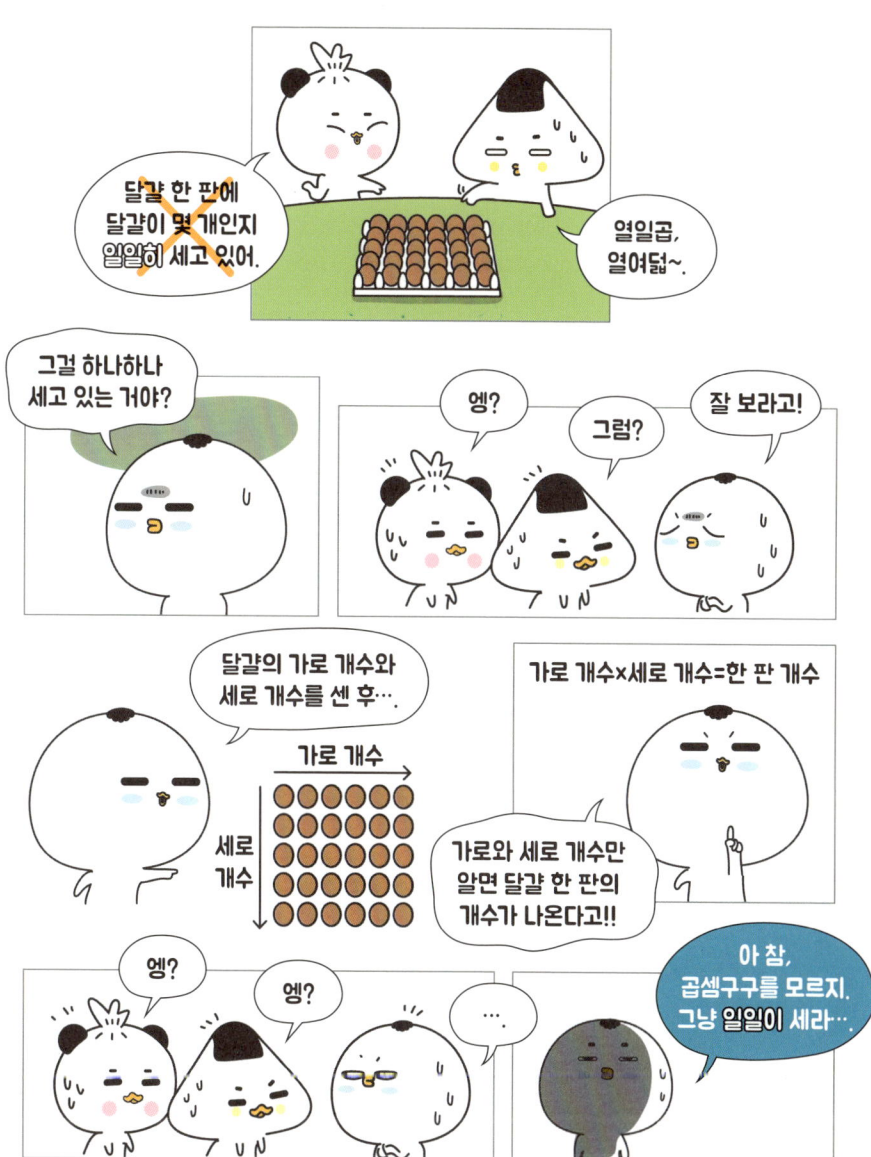

078 일찍히 VS 일찍이

-이와 -히를 구분하는 가장 쉬운 방법은 낱말에 '-하다'와 연결해 말이 되면 '-히'를 붙이고, 말이 되지 않으면 '-이'를 붙이면 돼요. '일찍+하다=일찍하다'처럼 말이 되지 않을 때는 '-이'를 붙여 '일찍이'가 된답니다.

079 잃어버리다 VS 잊어버리다

'잃어버리다'는 가지고 있던 물건이 없어졌다는 말이고, '잊어버리다'는 알고 있던 것을 기억하지 못한다는 말이에요. 어제 지갑을 잃어버린 것을 '잊어버리고' 계속 가방 속만 뒤졌다.

080 있다 VS 이따

'이따'는 잠시 후에라는 뜻으로 사용돼요. 그런데 어떤 장소에 머문다는 '있다'로 잘못 사용하는 경우가 많아요. 시간을 의미할 때는 '이따'로, 머무른다는 의미일 때는 '있다로 사용해요.

ㅈ ㅊ ㅌ ㅍ ㅎ

잠구다 VS 잠그다
쟁이 VS 장이
적잔이 VS 적잖이
제작년 VS 재작년
조취 VS 조치
주어 VS 주워
째째하다 VS 쩨쩨하다
찌게 VS 찌개
챙피 VS 창피
저부수다 VS 쳐부수다

체 VS 채
치고박다 VS 치고받다
통채 VS 통째
틀리다 VS 다르다
폭팔 VS 폭발
하마트면 VS 하마터면
핼쓱하다 VS 핼쑥하다
햇갈리다 VS 헷갈리다
회수 VS 횟수
희안하다 VS 희한하다

081

잠구다 VS 잠그다

'잠구다'는 문을 열지 못하게 걸었다는 '잠그다'를 잘못 쓴 말이에요. '잠그다'는 잠가, 잠그니, 잠갔다로 활용되며, 잠궜다는 잘못된 표현이랍니다. 문을 '잠글' 때는 잘 '잠갔는지' 항상 확인해야 한다.

082 쟁이 VS 장이

'-장이'는 기술을 가진 장인을 의미하고, '-쟁이'는 그런 성격이나 특징을 가진 사람을 의미해요. '-장이'는 간판장이, 양복장이, 옹기장이 등이 있고, '-쟁이'는 겁쟁이, 멋쟁이, 고집쟁이 등이 있어요.

083 적잔이 VS 적잖이

적지 않은 양을 뜻하는 '적잖이'는 적잖다에 -이가 붙어 된 말이에요. '적잖+하다=적잖하다'는 말이 되지 않아 '-이'가 붙었어요. 적잖아, 적잖으니, 적잖게, 적잖았다 등으로 활용되어 사용해요.

084 제작년 VS 재작년

'재작년'은 지난해의 바로 전 해인 지지난해를 뜻하는 말로 2년 전을 의미해요. '재작년'의 재(再) 자는 두 번째, 다시라는 뜻을 가지고 있답니다. '재작년'에 나는 바이올린을 배우기 시작하여 지금은 어려운 곡도 연주할 수 있다.

085 조취 VS 조치

'조취'는 고기에서 나는 누린내이고, '조치'는 벌어진 일을 수습하는 것을 뜻해요. 우리가 흔히 사용하는 말은 '조치'로 이것만 기억해 두면 돼요. 사고가 나면 119에서 달려와 응급'조치'를 하며 병원으로 데려다준다.

086 주어 VS 주워

떨어진 것을 집는다는 말인 '줍다'는 주워, 주우니, 줍는 등으로 활용돼요. 그런데 '주워'를 '주어'로 잘못 쓰는 경우가 많아요. 잘 기억해 두고 바르게 써요. 교실에 떨어진 작은 쓰레기를 '주워' 쓰레기통에 넣었다.

087 째째하다 VS 쩨쩨하다

'쩨쩨하다' 인색하고 속이 좁다는 뜻을 가진 말이에요. '째째'와 헷갈릴 수 있으니 소리 내어 몇 번 읽어 보며 눈으로 익혀요. 야, '쩨쩨하게' 그럴 거야? 친구는 바다와 같은 마음을 가져야 한다고.

088 찌게 VS 찌개

'찌개'는 일상에서 자주 쓰지만 가장 잘 틀리는 말이에요. 식당 메뉴판에도 '찌게'라고 잘못 표기된 곳들이 꽤 많아요. 다음에 식당을 가게 되면 잘 표기되어 있는지 한번 확인해 보세요.

089 챙피 VS 창피

체면이 깎이는 일을 당하여 부끄러운 마음을 '창피'라고 해요. '창피'가 표준어라는 걸 알면서도 말을 할 때는 '챙피해'라고 말했던 기억이 있을 거예요. '챙피'라는 말은 없어요. '창피해'라고 말해요.

처부수다 VS 쳐부수다

'쳐부수다'의 '쳐'를 마구, 많이라는 뜻을 가진 '처'로 생각해 잘못 쓰는 경우가 있어요. '처-'는 처먹다, 처넣다처럼 속된 표현에 사용되고, '쳐부수다'는 공격하여 적을 이긴다는 뜻을 가진 하나의 낱말이에요.

091
체 VS 채

'체'는 그럴싸하게 꾸민 태도나 모양으로 '척'과 같은 말이고, '채'는 어떤 상태를 그대로 유지하고 있다는 말이에요. 소리는 비슷하지만 전혀 다른 말이에요. 그래도 구분이 어려울 때는 '척'을 대신 넣어 말해 봐요.

092 치고박다 VS 치고받다

'치고받다'는 말이나 몸으로 서로 싸운다는 말로 [치고받따]라고 발음해요. 치고받고, 치고받아, 치고받으니, 치고받는으로 활용돼요. 친구들끼리 '치고받고' 싸우면 안 된다고 생각해. 사이좋게 지내야지.

093 통채 VS 통째

'통채'는 나누지 않은 덩어리인 '통째'를 잘못 쓴 말이에요. '-째'는 그대로, 전부라는 뜻을 더하는 말로 껍질째, 통째처럼 사용돼요. 수박은 껍질째 먹을 수 없지만, 사과는 껍질까지 '통째'로 먹을 수 있다.

094 틀리다 VS 다르다

'틀리다'는 계산이나 사실이 맞지 않거나 어긋난다는 말이고, '다르다'는 비교되는 두 대상이 같지 않다는 말이에요. 비교할 대상이 없다면 '다르다'라고 쓰면 안 되겠지요?

095 폭팔 VS 폭발

'폭발'을 [폭팔]이라고 잘못 발음하는 경우가 많아요. [폭빨]보다 부드럽게 발음되기 때문이지요. 발음이 어색하더라도 제대로 발음해야 그 발음에 익숙해진답니다. 자꾸 화를 참다 보면 언젠가 '폭발'할 거야!

096 하마트면 VS 하마터면

'하마터면'은 아주 위험한 상황에 부닥치기 직전 또는 벗어난 후에 쓰는 말이에요. 휴대폰을 보면서 걷다가 '하마터면' 큰일 날 뻔했어. 왜 길을 걸을 때 앞을 보고 다녀야 하는지 알 것 같아.

097 핼쓱하다 VS 핼쑥하다

'핼쓱하다'는 얼굴에 생기가 없이 창백하다는 말인 '핼쑥하다'를 잘못 쓴 말이에요. '핼쑥하다' 대신 몸이 야위어 보인다는 말인 '수척하다'를 써도 돼요. 오늘따라 '핼쑥해' 보인다, 혹시 어디 아프니?

098 햇갈리다 VS 헷갈리다

'헷갈리다'는 정신 또는 마음이 혼란스럽거나 많은 것이 뒤섞여 어느 것을 선택해야 할지 모를 때 쓰는 말로 '헛갈리다'와 바꿔 쓸 수 있어요. 래야의 마음은 갈대 같아서 나를 좋아하는 게 맞는지 늘 '헷갈린다'.

099 회수 VS 횟수

'회수'는 다시 거두어들이는 것이고, '횟수'는 돌아오는 차례의 수효를 말하는 것으로 전혀 다른 뜻을 가지고 있어요. [회쑤]로 발음해요. 무엇이든 연습하는 '횟수'가 많아지면 잘할 수밖에 없다.

100 희안하다 VS 희한하다

'희안하다'는 신기하다는 말인 '희한하다'를 잘못 쓴 말이에요. [히한하다]라고 발음해야 하지만 [히안하다]라고 잘못된 발음에 익숙해져 헷갈리게 돼요. 정확한 발음으로 '희한하다'를 읽어 보세요.

초판 28쇄 2025년 8월 11일
초판 1쇄 2019년 8월 20일

글·그림 한날

펴낸이 정태선
펴낸곳 파란정원
출판등록 제395-2010-000070호
주소 서울특별시 은평구 가좌로 175, 5층
전화 02-6925-1628 | 팩스 02-723-1629
제조국 대한민국 | 사용연령 8세 이상 어린이
홈페이지 www.bluegarden.kr | 전자우편 eatingbooks@naver.com
종이 다올페이퍼 | 인쇄 조일문화인쇄사 | 제본 경문제책사

글·그림ⓒ2019 한날
ISBN 979-11-5868-164-7 73710

이 책은 저작권법에 따라 보호받는 저작물이므로 무단 전재와 무단 복제를 금지하며,
이 책 내용의 전부 또는 일부를 이용하려면 반드시 저작권자와 파란정원(자매사 책먹는아이·새를기다리는숲)의 동의를 얻어야 합니다.
*잘못된 책은 구입하신 서점에서 바꿔 드립니다.